Les meilleures

citations déprimantes

pour bien commencer la journée

Illustrations de

Soledad

« FOLIO »

Une anthologie

constituée par Ève et Pascal Cottin
sur une idée de David Foenkinos

j'aime pas les citations

En lisant cet extrait de *Je vais mieux* de David Foenkinos, l'envie nous est venue de constituer ce « recueil des phrases les plus déprimantes qui soient », gages d'un bon début de journée !

« Je regardais à droite à gauche des détails de leur vie quotidienne, et tant de choses me touchaient. J'ai aimé ce petit calendrier sur le frigo avec une phrase pour chaque jour. J'ai lu celle d'aujourd'hui : "Tu n'as aucune chance. Saisis-la." C'était une citation d'Arthur Schopenhauer. Il s'agissait d'un recueil des phrases les plus déprimantes qui soient. On y trouvait des aphorismes de Cioran et d'une multitude de pessimistes[1]. J'ai adoré cette idée, tellement plus originale que toutes ces compilations de phrases très connes sur la vie. Rien ne fout davantage le bourdon que les pensées positives. Il y a de l'humour à distiller tous les matins une bonne petite phrase bien sinistre, vantant à quel point tout va mal. »

---

1. Il y avait aussi cette citation de Woody Allen : « La seule façon d'être heureux, c'est d'aimer souffrir. » Ou encore cette pépite joyeuse de Fitzgerald : « Toute vie est un processus de démolition. »

j'ai la migraine

Sommaire

I

Le propre de l'Homme

La folie est le propre de l'homme.

Blaise Cendrars – *Bourlinguer*

Mon père dit qu'un homme est la somme de ses propres malheurs.

William Faulkner – *Le Bruit et la Fureur*
(trad. M.-E. Coindreau)

De *l'homme* à *l'homme vrai*, le chemin passe par *l'homme fou*.

Michel Foucault – *Histoire de la folie à l'âge classique*

L'amour c'est l'homme inachevé.

Paul Éluard – *La Vie immédiate*

Les hommes marchent à fleur de terre. Ils n'ont pas d'ailes.
Les oiseaux passent par-dessus les toits et regardent vers la terre :
les hommes semblent trop nombreux, et ils sont dangereux.

Pentti Holappa – *Sur la terre, sous le ciel*
(trad. G. Rebourcet)

L'homme est *inacceptable.*

Emil Cioran – *Écartèlement*

c'est fou
ce que l'homme invente
pour abîmer l'homme

Jacques Prévert – *Paroles*

Tous les gens sont vils, mesquins, incapables, nuls, **je me répugne moi-même.**
Anton Tchekhov – *Ivanov*
(trad. N. Gourfinkel et J. Mauclair)

L'homme n'est que poussière.
C'est dire l'importance du plumeau.
Alexandre Vialatte – *Chroniques de « La Montagne »*

L'homme est un égoïste médiocre ; le plus malin attache plus d'importance à son habitude qu'à son avantage.
Friedrich Nietzsche – *La Volonté de puissance*
(trad. G. Bianquis)

DON PÈDRE. — Quelle jolie chose qu'un homme, lorsqu'il sort avec son pourpoint et son haut-de-chausses, et laisse en route son bon sens !
CLAUDIO. — C'est alors un géant devant un singe ; mais aussi un singe est un docteur près d'un tel homme.
William Shakespeare – *Beaucoup de bruit pour rien*
(trad. F. Guizot)

Et tous les peuples, tous les accents, toutes les mœurs des hommes vieillissent un jour et disparaissent. Il en a toujours été ainsi. Pour les autres et pour nous, tous autant que nous sommes.

Marcu Biancarelli – *Murtoriu*
(trad. J. Ferrari, M.-O. Ferrari et J.-F. Rosecchi)

Les hommes sont bien malheureux ! Ils flottent sans cesse entre de fausses espérances et des craintes ridicules : et, au lieu de s'appuyer sur la raison, ils se font des monstres qui les intimident, ou des fantômes qui les séduisent.

Montesquieu – *Lettres persanes*

L'âme de l'homme est comme **un marais infect** : si l'on ne passe vite, on enfonce.

Stendhal – *Lucien Leuwen*

L'hypocrisie est un vice à la mode, et tous les vices à la mode passent pour vertus.

Molière – *Dom Juan*

À nombre d'hommes tu n'as le droit de tendre la main, mais seulement la patte ; et je veux que ta patte ait des griffes aussi.

Friedrich Nietzsche – *Ainsi parlait Zarathoustra*
(trad. M. de Gandillac)

Un homme se possède par éclaircies, et même quand il se possède, il ne s'atteint pas tout à fait.
Antonin Artaud – *Lettre à Jacques Rivière du 25 mai 1924*

Tous les espoirs sont permis à l'homme, même celui de disparaître.
Jean Rostand – *Pensées d'un biologiste*

L'homme est une espèce pervertie et blessée. **Et la guérison n'existe pas**, il n'y a que le soulagement.
Jo Nesbø – *Fantôme*
(trad. P. Dott)

Les maladies sont le plus court chemin de l'homme pour arriver à soi.
Thomas Bernhard – *Perturbation*
(trad. B. Kreiss)

L'humanité n'est parfaite dans aucun genre, pas plus dans le mal que dans le bien. Le scélérat a ses vertus, comme l'honnête homme a ses faiblesses.
Pierre Choderlos de Laclos – *Les Liaisons dangereuses*

Je crois même
que c'est la meilleure
définition de l'homme :
un être à deux pieds
et ingrat.

Fédor Dostoïevski – *Le Sous-sol*
(trad. P. Pascal et B. de Schlœzer)

Je plains l'homme accablé du poids de son loisir.
Voltaire – *Discours en vers sur l'homme*

Ce ne sont pas de nouveaux continents qu'il faut à la terre, mais de nouveaux hommes !
Jules Verne – *Vingt mille lieues sous les mers*

oui, mais dans quel sens ?

II

Et pourtant le monde tourne !

Depuis pas mal de temps, je m'étais habitué à ne pas bouger, à laisser le monde devenir fou.
Cesare Pavese – *Avant que le coq chante*
(trad. N. Frank)

Ce monde, comme on dit, est une cage à fous,
Où la guerre, la paix, l'amour, la haine, l'ire,
La liesse, l'ennui, le plaisir, le martyre,
Se suivent tour à tour et se jouent de nous.
André Mage de Fiefmelin – *Œuvres*

Ah, mes amis, si tous les cornus d'Europe portaient lampions, ô miséricorde, quelle illumination !
Albert Cohen – *Belle du Seigneur*

Qu'est-ce que ce monde, monsieur Holmes ? un composé sujet à des révolutions, qui toutes indiquent une tendance continuelle à la destruction ; une succession rapide d'êtres qui s'entre-suivent, se poussent et disparaissent : une symétrie passagère ; un ordre momentané.
Denis Diderot – *Lettre sur les aveugles à l'usage de ceux qui voient*

Les gens du monde
se réunissent moins
pour goûter le plaisir
d'être ensemble
que pour s'en répartir
l'ennui.

Henri de Régnier – *Escales en Méditerranée*

Ô ce monde ennuyeux ! l'homme, comme un fœtus parmi les glaires,
Se repaît de son imbécillité.
Paul Claudel – *Tête d'or*

Mes pieds rôdent sur le monde comme des insectes dans l'épaisseur d'un psautier.
Marguerite Yourcenar – *L'Œuvre au noir*

Dieu est Dieu, **et le monde est le diable.** Regretter le monde, c'est regretter le diable.
Alexandre Dumas – *Les Trois Mousquetaires*

Il était incapable de trouver des mots pour définir la faiblesse essentielle de l'humanité.
William Golding – *Sa Majesté des Mouches*
(trad. L. Tranec)

Il n'est de crime à rien, chère fille, à quoi que ce soit au monde : la plus monstrueuse des actions n'a-t-elle pas un côté par lequel elle nous est propice ?
Sade – *La Philosophie dans le boudoir*

On peut dire tout simplement qu'il n'y a plus aujourd'hui **aucune dignité sur la terre**, et Dieu sait ce qui peut en advenir !

Alexandre Dumas – *Jacquot sans oreilles*

Au milieu de nos morts nous rentrons dans le monde et quand nous revenons chez nous, après quelque temps de cette contemplation, il nous semble que nous avons vécu, que nous nous sommes mêlés à la manifestation humaine, à l'agitation des autres.

Marthe Oudinot de la Faverie – *Folie d'amour*

Hélas ! pour mon âme abattue,
Tous lieux sont désormais pareils.
Je porte dans mon sein le poison qui me tue ;
Changerai-je de sort en changeant de soleils ?

Charles Loyson – *Épîtres et élégies*, « Le lit de mort »

Aux citernes des fermes
Les seaux et les poulies
Grincent et crient
Toute la mort dans leurs mélancolies.

Émile Verhaeren – *Les Villages illusoires*, « Le vent »

Vous voilà donc
à la campagne,
ennuyeuse
comme le sentiment,
et triste comme
la fidélité !

Pierre Choderlos de Laclos – *Les Liaisons dangereuses*

Le tourisme est la réalisation achevée de la désespérance.
Chantal Thomas – *Comment supporter sa liberté*

Je me sentais très calme, très vide, comme doit se sentir l'œil d'une tornade qui se déplace tristement au milieu du chaos généralisé.
Sylvia Plath – *La Cloche de détresse*
(trad. M. Persitz)

La misère est une énergie renouvelable.
Thomas B. Reverdy – *Les Évaporés*

Elle prit un livre et observa le paysage brumeux sur la couverture.
« C'est comme regarder un volcan en éruption, vous ne pensez pas ? Le spectacle peut être enchanteur, tout dépend de la distance qu'il y a entre lui et vous. »
Davide Longo – *L'Homme vertical*
(trad. D. Vittoz)

Les souvenirs sont cors de chasse
Dont meurt le bruit parmi le vent
Guillaume Apollinaire – *Alcools*

Nous errons sur la mer du monde,
car l'onde y est poussée par l'onde ;
point de presqu'île en vue à tribord, ni bâbord.
Les houles nous portent et déportent,
sud, est, nord, ouest peu nous importe :
c'est coulés par le fond que nous serons au port.

Christian Wernicke – « Navigation de la vie »
(trad. J.-P. Lefebvre)

Rouler aux blessures, par l'air lassant et la mer ; aux supplices, par le silence des eaux et de l'air meurtriers ; aux tortures qui rient, dans leur silence atrocement houleux.

Arthur Rimbaud – *Illuminations*

Elle est si con, la lune. Ça doit être son cul qu'elle nous montre toujours.

Samuel Beckett – *Molloy*

Ce qui prend souffle ici avec l'air s'enfuira,
Ce qui vient après nous nous suivra dans la tombe.
Que dis-je ? **Nous passons, fumée dans les grands vents.**

Andreas Gryphius – « Misère de l'homme »
(trad. M. Petit)

Qu'importe le soleil ? Je n'attends rien des jours.
Alphonse de Lamartine – *Méditations poétiques*

— Le plus clair de mon temps, dit Colin, je le passe à l'obscurcir.
— Pourquoi ? demanda plus bas le directeur.
— Parce que la lumière me gêne, dit Colin.
Boris Vian – *L'Écume des jours*

Le ciel est pour tout le monde. Les hommes traversent le même brouillard.
Yasmina Reza – *Heureux les heureux*

Notre vie n'est qu'une mer périlleuse,
Pleine d'ondes, de bancs et de vents orageux,
L'un convie à voguer les nochers plus peureux,
L'autre écarte les nefs de leur route hasardeuse.
André Mage de Fiefmelin – *Œuvres*

Le monde est une mer ; la galère est la vie,
Le temps est le nocher, l'espérance est le nord,
La fortune le vent, les orages l'envie,
Et l'homme le forçat qui n'a port qu'en la mort.
Pierre Matthieu – *Tablettes de la vie et de la mort*

Et la mer et l'amour ont l'amer pour partage,
Et la mer est amère, et l'amour est amer,
L'on s'abîme en l'amour aussi bien qu'en la mer,
Car la mer et l'amour ne sont point sans orage.
Pierre de Marbeuf – « Sonnet »

Le moulin tourne au fond du soir, très lentement,
Sur un ciel de tristesse et de mélancolie,
Il tourne et tourne, et sa voile, couleur de lie,
Est triste et faible et lourde et lasse, infiniment.
Émile Verhaeren – *Les Soirs*

Les nuées s'amassaient sur la haute mer faite d'une éternité de chaudes larmes.
Arthur Rimbaud – *Illuminations*

III

La sérénité du cochon et autres prodiges animaliers

Dans un monde
sans mélancolie,
les rossignols
se mettraient à roter.

Emil Cioran – *Syllogismes de l'amertume*

Là où il y a de l'homme, il y a de l'hommerie. Là où sont les taupes, là est la tauperie.

Valère Novarina – *L'Acte inconnu*

Les chats adorent les gens qui leur sont allergiques.

Ann Brashares – *Quatre filles et un jean*
(trad. V. Rubio)

Le cafard est universel. Même les poux doivent le connaître. Aucun moyen de s'en prémunir.

Emil Cioran – *Cahiers 1957-1972*

Adieu, mon cher gros chat ; vivons tant que nous pourrons : mais la vie n'est que de l'ennui ou de la crème fouettée.

Voltaire – *Lettre à Madame de Champbonin*

L'homme est véritablement le roi de tous les animaux, car sa cruauté dépasse celle des animaux.
Nous vivons de la mort des autres.
Nous sommes des tombes marchantes.

Léonard de Vinci – *Les Carnets de Léonard de Vinci*
(trad. L. Servicen)

L'animal
le plus mélancolique,
c'est le lièvre : la preuve,
c'est qu'il ne parle
à personne.

Jean-Louis-Auguste Commerson – *Les Pensées d'un emballeur*

La carpe
Dans vos viviers, dans vos étangs,
Carpes, que vous vivez longtemps !
Est-ce que la mort vous oublie,
Poissons de la mélancolie.
Guillaume Apollinaire – *Le Bestiaire*

La parole humaine est comme un chaudron fêlé où nous battons des mélodies à faire danser les ours, quand on voudrait attendrir les étoiles.
Gustave Flaubert – *Madame Bovary*

Quoi qu'il ébauche ou qu'il espère,
L'homme ne vit pas un moment
Sans subir l'avertissement
De l'insupportable Vipère.
Charles Baudelaire – *Les Fleurs du Mal*

Mais quand on a été trois jours dans le corps d'une baleine, on n'est pas de si bonne humeur que quand on a été à l'opéra, à la comédie, et qu'on a soupé en bonne compagnie.
Voltaire – *Le Monde comme il va*

C'est pour la plupart des hommes un exemple décourageant que la sérénité d'un cochon.
Anatole France – *La Vie littéraire*

Au milieu de cette existence enragée par la misère, Germaine souffrait encore des faims qu'elle entendait râler autour d'elle. Ce coin de la maison était le coin des pouilleux, où trois ou quatre ménages semblaient s'être donné le mot pour ne pas avoir de pain tous les jours. Les portes avaient beau s'ouvrir, elles ne lâchaient guère souvent des odeurs de cuisine. Le long du corridor, il y avait **un silence de crevaison** et les murs sonnaient creux, comme des ventres vides.

Émile Zola – *L'Assommoir*

Mon chat sur le carreau cherchant une litière
Agite sans repos son corps maigre et galeux ;
L'âme d'un vieux poète erre dans la gouttière
Avec la triste voix d'un fantôme frileux.

Charles Baudelaire – *Les Fleurs du Mal*

Le cercueil est le salon des morts, ils y reçoivent des vers.

Xavier Forneret – *Sans titre, par un homme noir blanc de visage*

Il fait si noir
dans le noir il fait,
il fait si chien dans la nuit,
ça vous colle aux dents,
la suie, ça désespère
l'espoir.

Norge – *Le Gros Gibier*

Nous sommes pareils à ces crapauds qui dans l'austère nuit des marais s'appellent et ne se voient pas, ployant à leur cri d'amour toute la fatalité de l'univers.

René Char – *Fureur et mystère*

Dès qu'on le laissait seul il avait tendance à croire qu'au fond il n'y avait jamais autre chose, qu'il n'y avait rien de mieux que de passer toute une nuit ou toute la vie devant un réverbère à regarder danser les insectes.

Julio Cortázar – *62 - Maquette à monter*
(trad. L. Guille-Bataillon)

Quand les poules auront des dents, vous regretterez peut-être de les avoir maltraitées autrefois.

Marcel Aymé – *Les Contes du chat perché*

Mais elle, **sa vie était froide** comme un grenier dont la lucarne est au nord, et l'ennui, araignée silencieuse, filait sa toile dans l'ombre à tous les coins de son cœur.

Gustave Flaubert – *Madame Bovary*

Tu essaies de retrouver
ce vers ancien :
l'ombre est toujours
sombre, même quand
elle tombe d'un cygne.

Éric Fottorino – *Questions à mon père*

L'humanité entière fait entendre en ce moment un cri désespéré, déchirant. Comme une bête de somme mutilée, elle meugle et ne comprend rien à sa blessure.

Georges Duhamel – *La Possession du monde*

Je n'ai pas encore atteint le point limite auquel ma vie serait menacée, j'ignore quelle distance m'en sépare encore. Je sais seulement que **je veux survivre** – à l'encontre de toute raison, absurdement, comme une bête…

Anonyme – *Une femme à Berlin*
(trad. F. Wuilmart)

On n'est point toujours une bête pour l'avoir été quelquefois.

Denis Diderot – *Les Bijoux indiscrets*

Accablé de paresse et de mélancolie,
Je rêve dans un lit où je suis fagoté,
Comme un lièvre sans os qui dort dans un pâté,
Ou comme un Don Quichotte en sa morne folie.

Marc-Antoine Girard de Saint-Amant – « Le paresseux »

Ce rossignol mélancolique

Du souvenir de son malheur,
Tâche de charmer sa douleur,
Mettant son histoire en musique.

Tristan L'Hermite – *Les Amours de Tristan*

Savez-vous pourquoi j'aime la colombe ?
C'est que le bonheur n'est point aux sommets :
Plus on veut monter, plus bas on retombe,
Et qui va trop loin ne revient jamais.

Marc Monnier – « La colombe »

Les cigognes mélancoliques,

Blanchâtres sur l'horizon noir,
Pour scander les rythmes du soir,
Font claquer leurs becs faméliques.

Albert Giraud – *Pierrot lunaire*

L'homme est en proie à l'homme : un loup à son pareil.

Théodore Agrippa d'Aubigné – *Les Tragiques*

autant rester couché

IV

Menaces de l'aquoibonisme

Ce matin, après avoir entendu un astronome parler de *milliards de soleils*, j'ai renoncé à faire ma toilette : à quoi bon se laver encore ?

Emil Cioran – *Aveux et anathèmes*

Nous sommes à une époque où les hommes n'arriveront jamais à perdre assez de temps pour conjurer cette fatalité de passer leur vie à en gagner.

Jean Baudrillard – *La Société de consommation*

Jour après jour, avec une monotonie imparable, chacun est harcelé par des individus stupides qui surgissent à l'improviste, dans les lieux les plus malcommodes et aux moments les plus improbables.

Carlo M. Cipolla – *Les Lois fondamentales de la stupidité humaine*
(trad. F. Liffran)

J'ai l'impression d'avoir déjà vécu plusieurs fois les sept âges de l'homme et d'en avoir reçu tous les bleus.

Ananda Devi – *Les Hommes qui me parlent*

Il faut renoncer
à toute prudence.
Ce siècle est fait
pour tout confondre!
Nous marchons
vers le chaos.

Stendhal – *Le Rouge et le Noir*

Lorsque l'avenir est sans espoir, **le présent prend une amertume ignoble.**

Émile Zola – *Thérèse Raquin*

Je ne sais pas si l'on était vraiment en avril, ni quel mois il pouvait être. Qu'importe le mois, je méprisais le temps.

Zoé Valdés – *Danse avec la vie*
(trad. A. Bensoussan)

Le temps passe. Et chaque fois qu'il y a du temps qui passe, il y a quelque chose qui s'efface.

Jules Romains – *Les Hommes de bonne volonté*

Tout me lasse ; je remorque avec peine mon ennui avec mes jours, et je vais partout bâillant ma vie.

François-René de Chateaubriand – *Mémoires d'outre-tombe*

Rien ne m'est plus insupportable que la présence de bonshommes et de bonnes femmes pétant d'optimisme et embesognés à « avancer dans la vie » alors que, au bout de leur trajectoire, leur tombe, déjà ouverte, les attend.

Frédéric Schiffter – *Philosophie sentimentale*

Le lendemain, le jour s'était levé à contrecœur.
Marc Dugain – *L'Insomnie des étoiles*

Se dire dès l'aurore : Je vais rencontrer un indiscret, un ingrat, un violent, un perfide, un arrogant.
Marc Aurèle – *Pensées*
(trad. É. Bréhier)

À quoi bon les anniversaires,
et ces dates qui font pleurer,
en nous forçant à comparer
avec jadis, avec naguère ?
Henry Spiess – *Chansons captives*

Tic
Tac
Tic
Tac
Tic
...

V

La tactique du tic-tac

Moi je connais les vies qui durent un jour.
Arriver jusqu'à la nuit, c'est déjà mourir vieux.
Erri De Luca – *Trois Chevaux*
(trad. D. Valin)

Le temps nous prive de beaucoup de biens précieux, et, pour finir, il nous prive de tout.
Karen Blixen – *Contes d'hiver,* « L'héroïne »
(trad. M. Metzger)

Le cauchemar était le répit du désespoir. Il passait ses nuits à rêver, et ses jours à songer.
Victor Hugo – *Les Travailleurs de la mer*

L'enfant met un siècle à grandir et, à douze ans, il ne lui reste plus qu'à bâcler sa maturité en quelques heures et expédier la vieillesse en deux minutes.
Jacques Perret – *La Bête Mahousse*

On cesse d'être jeune quand on comprend qu'une douleur dure le temps qu'elle dure.
Cesar Pavese – *Le Métier de vivre*
(trad. M. Arnaud et M. Rueff)

… c'est nous
qui avons inventé
les horloges,
mais elles obéissent
à un autre patron…

Antonio Tabucchi – *Tristano meurt*
(trad. B. Comment)

Quand on vieillit, on voit la vie autrement. On ne recherche plus la compagnie. On vous l'impose. On se retrouve entre des mains étrangères. La vieillesse est un péché.

Carlos Fuentes – *En bonne compagnie*
(trad. C. Zins)

Car cinquante ans, c'est amplement suffisant, pensai-je. Nous tombons dans la vulgarité quand nous passons la cinquantaine et continuons néanmoins à vivre, à exister.

Thomas Bernhard – *Le Naufragé*
(trad. B. Kreiss)

Rien ne dure et pourtant rien ne passe. Et rien ne passe justement parce que rien ne dure.

Philip Roth – *La Tache*
(trad. J. Kamoun)

Jusqu'à trente ans, les chagrins d'amour glissent sur le cœur qu'ils pressent sans le pénétrer ; après quarante ans, chaque douleur du moment réveille les douleurs passées, l'homme arrivé au développement complet de son être souffre doublement de ses affections brisées et de sa dignité outragée.

Gérard de Nerval – *Les Confidences de Nicolas*

Ma mère dit qu'il ne faut pas gâter les enfants et elle me fouette tous les matins ; quand elle n'a pas le temps le matin, c'est pour midi, rarement plus tard que quatre heures.

Jules Vallès – *L'Enfant*

Je suis seul qui pressé d'une douleur cruelle,
Vois fuir de mes yeux le sommeil que j'appelle,
Les veilles m'ont conduit au bord du monument.

Antoine Godeau – *Poésies chrétiennes*

J'ai vécu dans des temps de démence, et je n'ai pas manqué d'être aussi fou que le temps me l'ordonnait.

Goethe – *Épigrammes*
(trad. A. Ghio)

Non ! je n'ai pu comprendre et votre âme et la terre
Que de loin, quand les ans sont venus tout finir.
Et mon cœur n'a fleuri qu'autour du souvenir,
Comme autour du tombeau l'églantier solitaire.

Frédéric Monneron – « À vous »

Il y a des hommes mourants, d'autres qui attendent une échéance, et qui voudraient que ce ne soit jamais demain. Il y en a d'autres pour qui demain pointera comme un remords. D'autres qui sont fatigués, et cette nuit ne sera jamais assez longue pour leur donner tout le repos qu'il faudrait. Et moi, moi qui ai perdu ma journée, de quel droit est-ce que j'ose appeler demain ?

Alain-Fournier – *Le Grand Meaulnes*

Horloge ! dieu sinistre, effrayant, impassible,
Dont le doigt nous menace et nous dit :
« Souviens-toi ! »

Charles Baudelaire – *Les Fleurs du Mal*

Intermède 1

Une année de chien

Honte à toi qui la première
M'as appris la trahison,
Et d'horreur et de colère
M'as fait perdre la raison !
Honte à toi, femme à l'œil sombre,
Dont les funestes amours
Ont enseveli dans l'ombre
Mon **printemps** et mes beaux jours !
Alfred de Musset – *Poésies nouvelles*

L'automne de la vie ne recueille que ce que chaque jour a semé !
Alphonse Gratry – *Logique*

Nous sommes le 19 mars et par conséquent demain nous serons le 20, jour du printemps. Et Mamie ne le saura pas. Elle est installée dans **l'hiver**. L'hiver de sa vie, mais non l'hiver de sa mémoire.
Elle continue de jouer à la marelle sur les quelque quatre-vingts calendriers de son existence. Elle saute du coq à l'âne, c'est-à-dire d'une case à l'autre, dans le désordre.
Hervé Jaouen – *Mamie mémoire*

Et l'été qui s'enfuit
est un ami qui part.

Victor Hugo – *Toute la lyre*

AAAAAAAAH

VI

Bénéfices de la souffrance

On ne devrait jamais
faire l'économie
d'une douleur potentielle.

David Foenkinos – *La Délicatesse*

Aucune souffrance n'est plus sacrée que celle qui, par pudeur, n'est pas à même de s'extérioriser.
Stefan Zweig – *Confusion des sentiments*
(trad. C. de Oliveira)

Les êtres qui ont vraiment été importants dans notre vie peuvent se compter sur les doigts d'une seule main, et, bien souvent, cette main se révolte contre la perversité que nous mettons à vouloir consacrer toute une main à compter ces êtres, là où, si nous sommes sincères, nous nous en tirerions probablement sans un seul doigt.
Thomas Bernhard – *Le Neveu de Wittgenstein*
(trad. J.-C. Hémery)

Il était seul à savoir alors que son cœur plein de vertiges était à jamais condamné à l'incertitude.
Gabriel García Márquez – *Cent Ans de solitude*
(trad. C. et C. Durand)

Quand la vérité met le poignard à la gorge, il faut baiser sa main blanche, quoique tachée de notre sang.
Théodore Agrippa d'Aubigné – *Histoire universelle*

La grande douleur de l'homme, qui commence dès l'enfance et se poursuit jusqu'à la mort, c'est que regarder et manger sont deux opérations différentes. La béatitude éternelle est un état où regarder c'est manger.
Simone Weil – *La Pesanteur et la Grâce*

Hélas ! J'étais seul, seul sur la terre ! Une langueur secrète s'emparait de mon corps. Ce dégoût de la vie que j'avais ressenti dès mon enfance revenait avec une force nouvelle. Bientôt mon cœur ne fournit plus d'aliment à ma pensée, et je ne m'apercevais de mon existence que par un profond sentiment d'ennui.
François-René de Chateaubriand – *René*

Souviens-toi que tu n'es que cendre
Et qu'il te faut bien descendre
Dans le fond d'un sépulcre noir,
Où la terre te doit reprendre
Et la cendre te recevoir.
Pierre Motin – « Méditation sur la Memento Homo »

J'ai si souvent serré mes côtes, pour étouffer cette faim qui grognait et mordait mes entrailles, j'ai tant de fois brossé mon ventre sans faire reluire l'espoir d'un dîner, que je trouve une volupté d'ours couché dans une treille à pommader de sauce chaude mes boyaux secs.

Jules Vallès – *L'Insurgé*

Si elle n'a pas pour but immédiat la douleur, on peut dire que notre existence n'a aucune raison d'être dans le monde.

Arthur Schopenhauer – *Douleurs du monde*
(trad. J. Bourdeau)

Car j'aime mieux la douleur en obéissant
Que tout plaisir en désobéissant.

Clément Marot – *Œuvres*

La vraie douleur est incompatible avec l'espoir.

Lautréamont – *Poésies*

La secrète blessure vit au fond de son cœur.

Virgile – *Énéide*
(trad. J. Perret)

Oh ! **je souffre, je souffre affreusement**, si bien
Que le gémissement premier du premier homme
Chassé d'Éden n'est qu'une églogue au prix du mien !

Paul Verlaine – *Poèmes saturniens*

Souffre ! qu'importe
Si, dans ton cœur,
Cette douleur
Un bien apporte ?
Divines fleurs
Sont les douleurs ;
Ces fleurs divines
Ont des épines ;
Pour les cueillir,
Il faut souffrir.
Point de soupir !
Et plus de plainte !

Henri-Frédéric Amiel – *Grains de mil*

La chair est triste,
hélas ! et j'ai lu
tous les livres.

Stéphane Mallarmé – « Brise marine »

Sale gueule ce matin

VII

Pas toujours beau à voir...

Pour tenter d'y voir clair,
on a parfois intérêt
à fermer les yeux.

Didier Van Cauwelaert – *La Nuit dernière au XV*^{e} *siècle*

Le regard indifférent est un perpétuel adieu.
Malcolm de Chazal – *Sens-plastique*

La vie, c'est ce que tu vois : de la membrane, de la tripe, un trou sans fond qui exige d'être rempli.
Amélie Nothomb – *Métaphysique des tubes*

Vous ne possédiez rien, en dehors des quelques centimètres cubes de votre crâne.
George Orwell – *1984*
(trad. A. Audiberti)

Ne t'en prends pas au miroir si tu as la gueule de travers.
Dicton populaire cité par Gogol en ouverture de sa pièce *Le Révizor*
(trad. A. Barsacq)

Ma vie ne fut qu'un atterrissage et mon corps s'use au béton.
Bernard Gander – *Crier sans cri*

Le vice a été pour moi un vêtement, maintenant il est collé à ma peau.
Alfred de Musset – *Lorenzaccio*

Comme dit la chanson :
Se spera sperando / Quand on a de l'espoir
Che vegnarà l'ora / On espère qu'arrive
De andar in malora / L'heure définitive
Per più no sperar. / De ne plus en avoir.
Claudio Magris – *Danube*
(trad. J. et M.-N. Pastureau)

Car la vieillesse nous rend d'abord incapables d'entreprendre mais non de désirer. Ce n'est que dans une troisième période que ceux qui vivent très vieux ont renoncé au désir, comme ils ont dû abandonner l'action. Ils ne se présentent même plus à des élections futiles où ils tentèrent si souvent de réussir, comme celle de président de la République.
Ils se contentent de sortir, de manger, de lire les journaux, ils se survivent à eux-mêmes.
Marcel Proust – *À la recherche du temps perdu*

Mais non, ils [*les hommes*] s'évitent eux-mêmes. C'est leur plus gros boulot, l'emploi principal de leur temps : éviter ce corps dont ils se vantent et n'ont que dégoût eux-mêmes.
Gilles Leroy – *Alabama Song*

Le masque est si charmant
que j'ai peur du visage.

Alfred de Musset – *Poésies nouvelles,* « Idylle »

Ce qui m'aurait vraiment fait plaisir pour mon anniversaire : une bonne tuberculose !

Daniel Pennac – *Journal d'un corps*

Je suis armé d'une cuirasse qui n'est faite que de défauts.

Pierre Reverdy – *Le Livre de mon bord – Notes 1930-1936*

Grand Dieu ! Pourquoi suis-je moi ?

Stendhal – *Le Rouge et le Noir*

Quand elle eut de mes os sucé toute la moelle,
Et que languissamment je me tournai vers elle
Pour lui rendre un baiser d'amour, je ne vis plus
Qu'une outre aux flancs gluants, toute pleine
de pus !

Charles Baudelaire – *Les Fleurs du Mal*

Il ne reste rien au monde, que le feu de nous… Un rouge terrible qui vient me gronder à travers les tempes avec une barre qui remue tout… déchire l'angoisse… Elle me bouffe le fond de la tétère comme une panade tout en feu… avec la barre comme cuiller… Elle me quittera plus jamais…

Céline – *Mort à crédit*

Quand on est mort,
c'est pour longtemps.

Augustin Eugène Scribe – *Être aimé ou mourir !*

Dans un cœur troublé par le souvenir, il n'y a pas de place pour l'espérance.
Alfred de Musset – *Frédéric et Bernerette*

La peur d'un nom ne fait qu'accroître la peur de la chose elle-même.
J. K. Rowling – *Harry Potter à l'école des sorciers*
(trad. J.-F. Ménard)

Pour gagner de quoi vivre, je ne dispose que des produits dérivés de ma peur.
Roland Topor – *Jachère-party*

Prudence est une vieille fille très laide très riche que courtise Incapacité.
William Blake – *Le Mariage du Ciel et de l'Enfer*
(trad. J. Darras)

Elle disait se souvenir de la peur. Comme elle se souvenait de la peau, de sa douceur. De celle-ci, à son tour, épouvantée.
Marguerite Duras – *L'Amant de la Chine du Nord*

Je me presse de rire
de tout, de peur d'être
obligé d'en pleurer.

Beaumarchais – *Le Barbier de Séville*

Mais c'est peut-être vrai, ce qu'il dit, que tous les chemins sont circulaires et qu'ils ne mènent pas quelque part mais à l'intérieur de soi, parce que **le brouillard de nos peurs est trop épais**, et les routes qui ont l'air de mener ailleurs sont des illusions.

Alessandro Baricco – *Cette histoire-là*
(trad. F. Brun)

Quand je suis heureuse, j'ai peur. Quand je souffre, j'ai peur. Quand je ne ressens rien et que je n'ai peur de rien, je sais avec certitude que j'ai perdu l'équilibre.

Caterina Bonvicini – *L'Équilibre des requins*
(trad. L. Caillat)

Toi aussi, comme moi, tu ne fais que transformer la panique en existence, il dit ensuite.

Giorgio Vasta – *Le Temps matériel*
(trad. V. Raynaud)

Fi donc, trembler ! mauvais calcul, Madame ; quand on cède à la peur du mal, on ressent déjà le mal de la peur.

Beaumarchais – *Le Barbier de Séville*

LÀ
Kleenex

VIII

Itinéraires de la tristesse

La tristesse : un appétit qu'aucun malheur ne rassasie.

Emil Cioran – *Syllogismes de l'amertume*

La mélancolie, c'est le bonheur d'être triste.

Victor Hugo – *Les Travailleurs de la mer*

Mon Cœur, pourquoi ces noirs présages
Je suis triste à mourir.
Une histoire des anciens âges
Hante mon Souvenir.

Heinrich Heine – *La Loreley*
(trad. H. Heine)

Souvenons-nous que la tristesse seule est féconde en grandes choses.

Ernest Renan – *La Réforme intellectuelle et morale de la France*

À force de vivre seul, j'étais devenu d'une sensibilité semblable à un champ de ruines.

Patrick Chamoiseau – *L'Empreinte à Crusoé*

Je tiens le monde pour ce qu'il est, Gratiano,
Un théâtre où chacun doit jouer un rôle,
Et le mien est un rôle triste.

William Shakespeare – *Le Marchand de Venise*
(trad. J.-M. Déprats)

C'est difficile
de savoir quoi faire
de sa tristesse.

Thomas B. Reverdy – *Les Évaporés*

Voyager est,
quoi qu'on en puisse dire,
un des plus tristes
plaisirs de la vie.

Madame de Staël – *Corinne ou l'Italie*

Les mendiants du pays disaient avec mélancolie que cet étang-là était long et triste comme un jour sans pain. Et de fait, avec sa couleur d'un vert mordoré comme le dos de ses grenouilles, ses plaques de nénuphars jaunâtres, sa bordure hérissée de joncs, sa solitude hantée seulement par quelques sarcelles, **sa barque à moitié submergée et pourrie**, il avait pour tout le monde un aspect sinistre, et même pour moi, qui suis né entre deux marais typhoïdes, par un temps de pluie, et qui tiens du canard sauvage pour l'amour des profondes rivières, au miroir glauque, – des ciels gris – et des petites pluies *qui n'en finissent pas*, au fond des horizons brumeux.

Jules Barbey d'Aurevilly – *Un prêtre marié*

À regarder sa vie sous l'angle du désespoir, peut-être pourrait-on dire à ce désespéré : Au fond, tu l'es bien plus encore que tu ne t'en doutes, ton désespoir plonge plus bas encore.

Søren Kierkegaard – *Traité du désespoir*
(trad. K. Ferlov et J.-J. Gateau)

L'amour est une fumée de soupirs.

William Shakespeare – *Roméo et Juliette*
(trad. F.-V. Hugo)

Quand Jacques sur le divan s'est mis à sangloter, lui, cet homme si intelligent, volontiers sarcastique, dupe de rien et surtout pas de lui-même, j'ai su qu'enfin nous avions atteint quoi ? mieux que le vrai : le lieu caché de la détresse.

J.-B. Pontalis – *Fenêtres*

Alors disons que vous êtes triste,
Parce que vous n'êtes pas gai ; il vous serait
aussi facile
De rire, et de sauter, et de dire que vous êtes gai
Parce que vous n'êtes pas triste.

William Shakespeare – *Le Marchand de Venise*
(trad. J.-M. Déprats)

Dès qu'un enfant nouveau
perçoit le premier air,
il se met à pleurer.
Il faut que quatre fois
dix jours le soleil luise
pour qu'il veuille bien rire.
Ô, monde, en tes affaires,
il est moins de ris que de pleurs.

Friedrich von Logau – « Misère humaine »
(trad. J.-P. Lefebvre)

La raison des choses est la tristesse, parce que la souffrance et la mort sont le chemin et le but final de tout dans ce monde.

Alphonse de Lamartine – *Cours familier de littérature*

Et de longs corbillards, sans tambours ni musique,
Défilent lentement dans mon âme; l'Espoir,
Vaincu, pleure, et l'Angoisse atroce, despotique,
Sur mon crâne incliné plante son drapeau noir.

Charles Baudelaire – *Les Fleurs du Mal*

Du profond de mon cœur sans cesse je soupire,
Tout maintenant me nuit.
Peut-on souffrir au monde un plus cruel martyre
Que de manquer d'argent et d'être sans pain cuit !

Isaac du Ryer – *Les Heures dérobées*

La mélancolie est le partage de tous les hommes de génie.

Aristote – *Problèmes*

Il y a une mélancolie qui tient à la grandeur de l'esprit.

Chamfort – *Maximes et pensées*

La symétrie, c'est l'ennui.

Victor Hugo – *Les Misérables*

La mélancolie
est une maladie
qui consiste à voir
les choses
comme elles sont.

Gérard de Nerval – *Carnets*

Cette mélancolie qu'ont les femmes qui ont cherché le bonheur et qui n'ont trouvé que l'amour !

Jules Barbey d'Aurevilly – *Une vieille maîtresse*

À présent le désespoir n'est pas seulement un mal passif mais une action.

Søren Kierkegaard – *Traité du désespoir*
(trad. K. Ferlov et J.-J. Gateau)

39°… pas d'école aujourd'hui

IX

Bonheur du malheur (et inversement)

Si l'on bâtissait
la maison du bonheur,
la plus grande pièce
en serait
la salle d'attente.

Jules Renard – *Journal*

Il n'y a pas d'imprévu favorable. L'imprévu, c'est toujours un malheur qu'on n'attendait pas.
Marcel Achard – *Mademoiselle de Panama*

Au contraire du malheur, le bonheur ne laisse pas de traces mais des souvenirs qui viennent nous seriner la complainte des regrets.
Frédéric Schiffter – *Philosophie sentimentale*

Pourquoi les consolations ? Plus vives elles sont, plus elles élargissent le malheur.
Honoré de Balzac – *Les Marana*

Il y a encore la forêt
Et le malheur
Et tout à côté le bonheur
Le bonheur avec les yeux cernés
Le bonheur avec des aiguilles de pin dans le dos.
Jacques Prévert – *Paroles*

Je voudrais vous faire partager cette conviction que chacun ne possède, ne doit posséder qu'une très petite part du bonheur.
Colette – *La Retraite sentimentale*

L'argent n'est que la fausse monnaie du bonheur.
Edmond et Jules de Goncourt – *Idées et sensations*

Chacun espère que le bonheur lui sourie,
Mais ce bonheur, le supporter quand il arrive,
Est l'affaire de Dieu plutôt que d'un humain.

August von Platen – « Qui sut jamais comment saisir… » (trad. J.-P Lefebvre)

Le bonheur est un mythe inventé par le diable pour nous désespérer.

Gustave Flaubert – *Lettres à Louise Colet*

« Évertuez-vous à être meilleurs, plus heureux, plus joyeux, plus jouisseurs, plus sages, plus humains… » Ainsi, par ces mots, les marchands d'éthiques en appellent à notre raison, à notre volonté, à notre prétendu goût du bonheur.

Frédéric Schiffter – *Le Bluff éthique*

En me promettant à moi-même de ne jamais aimer, je m'étais imposé une tâche au-dessus des forces de l'humanité ; aussi ai-je été constamment malheureux.

Stendhal – *Armance*

L'advient ben des jours que c'est l'poisse, d'autant que poule égarée donne aubade au renard, pas ? Bon.

Marc Stéphane – *Ceux du trimard*

Nous sommes ainsi bâtis que presque toutes nos émotions sont des malheurs.

Alain – *Propos de littérature*

Pauvres hommes.
Pauvres, pauvres hommes.
Ils savent si bien
se rendre malheureux.

Ananda Devi – *Les Hommes qui me parlent*

Tout homme de lettres, malheureux en amour, fait des libelles !

Madame de Genlis – *La Femme auteur*

Au fond, je suis un optimiste, aime-t-il à répéter, puisque les choses finissent toujours par aller encore plus mal que dans mes prévisions les plus sombres.

Claudio Magris – *Microcosmes*
(trad. J. et M.-N. Pastureau)

La vie humaine n'a pas pour fin la recherche du bonheur.

Marcelin Berthelot – *Lettre à Renan*

Je ne cherche point à m'instruire : il est trop tard. D'ailleurs je n'ai jamais vu que tant de science contribuât au bonheur de la vie.

Jean-Jacques Rousseau – *Les Rêveries du promeneur solitaire*

Suivi du Suicide impie,
À travers les pâles cités,
Le Malheur rôde, il nous épie,
Près de nos seuils épouvantés.

Alfred de Vigny – *Poèmes antiques et modernes*

Jamais je n'ai été dans une disposition si singulière. Heureux ou malheureux, je n'en sais rien. Peut-être vais-je m'enfermer dans un trou. Peut-être les élégies dont mon cœur est plein vont se changer en hymne. Il me semble que la nature entière l'entonnerait avec moi. **Ma vie est dans la gueule d'un canon**, et moi, la mèche haute, j'hésite à mettre le feu.

Alfred de Musset à George Sand

Il y a de l'injustice dans le bonheur. Il y a aussi du flou et de l'incertitude. Il est permis de se demander s'il n'y a pas un chagrin propre aux gens heureux et une grâce du malheur. Il n'est pas impossible que le bonheur s'étouffe lui-même dans le présent et qu'il soit surtout vif dans l'avenir à l'état d'espérance – le plus souvent trompeuse – et dans le passé à l'état de souvenir – lumineux ou amer.

Jean d'Ormesson – *C'était bien*

Après le malheur de naître, je n'en connais pas de plus grand que celui de donner le jour à un homme.

François-René de Chateaubriand – *Mémoires d'outre-tombe*

C'est plein de disputes
un bonheur.

Jean Anouilh – *Antigone*

L'école du malheur était bonne et développait des forces que le calme finit par engourdir.
George Sand – *La Petite Fadette*

Certaines personnes savent, le jour d'avant, qu'elles ont rendez-vous avec lui. Et, malgré cette intuition, elles ne seront pas prêtes. Le bonheur est toujours une embuscade. On est pris par surprise. **Le jour d'avant est donc le meilleur.**
Erri De Luca – *Le Jour avant le bonheur*
(trad. D. Valin)

Le bonheur est un état permanent qui ne semble pas fait ici-bas pour l'homme. Tout est sur la terre dans un flux continuel qui ne permet à rien d'y prendre une forme constante. **Tout change autour de nous**, nous changeons nous-mêmes et nul ne peut s'assurer qu'il aimera demain ce qu'il aime aujourd'hui.
Jean-Jacques Rousseau – *Les Rêveries du promeneur solitaire*

Je naquis infirme et malade. Je coûtai la vie à ma mère, et ma naissance fut le premier de mes malheurs.
Jean-Jacques Rousseau – *Les Confessions*

À chaque page,
au livre amer
de mon histoire,
Un mot s'épanouit
comme une rouge fleur :
Malheur !
– et puis Malheur ! –
et puis encor Malheur !

Louis Duchosal – *Le Livre de Thulé*, « L'heure »

Intermède 2

Pour un peu, on se croirait heureux

Oh ! combien est insupportable l'être heureux, à certains moments !
Fédor Dostoïevski – *Les Nuits blanches*
(trad. P. Pascal et B. de Schlœzer)

J'avais déjà remarqué que les êtres heureux sont graves. Ils portent en eux attentivement leur cœur, comme un verre plein, que le moindre mouvement peut faire déborder ou briser.
Jules Barbey d'Aurevilly – *Les Diaboliques,* « Le bonheur dans le crime »

Je ne tiens pas à être heureuse. Je préfère savoir.
André Gide – *La Symphonie pastorale*

Un homme qui sait
se rendre heureux
avec une simple illusion
est infiniment plus malin
que celui qui se désespère
avec la réalité.

Alphonse Allais – *Œuvres posthumes*

je ne regrette rien

X

Rien de rien

Tout peut arriver dans la vie, et surtout rien.
Michel Houellebecq – *Plateforme*

Il ne faut pas désespérer de rien ; mais il ne faut compter sur rien.
Pline le Jeune – *Lettres de Pline le Jeune*

Il n'y a rien de tel que de dégueuler ensemble pour faire de vieilles amies.
Sylvia Plath – *La Cloche de détresse*
(trad. M. Persitz)

Une vie tout compte fait n'est que prétextement.
Andréas Becker – *L'Effrayable*

L'angoisse de n'être rien ou presque amène vite à l'absolument rien.
Clément Rosset – *Le Réel et son double*

Mardi
Rien dans la chronologie, rien dans mes souvenirs.
Alessandro De Roma – *La Fin des jours*
(trad. P. Leclercq)

Moi non plus
je ne me suis
jamais senti
au diapason
de rien.

Patrick Modiano – *Accident nocturne*

Par peur du vide,
nous courons
d'une activité à l'autre
sans laisser
le moindre temps mort.
Paradoxalement,
ce temps plein à ras bord
nous paraît, avec le recul,
d'un vide effrayant.

Lars Fr. H. Svendsen – *Petite Philosophie de l'ennui*
(trad. H. Hervieu)

L'angoisse est la disposition fondamentale qui nous place face au néant.

Martin Heidegger – *Kant et le problème de la métaphysique*
(trad. A. de Waelhens et W. Biemel)

J'ai presque perdu la mémoire. Le passé a disparu. **Dans l'avenir je ne désire, je n'attends (presque) rien.** Que peut-il être de meilleur que cette situation ?

Léon Tolstoï – *Journaux et carnets*
(trad. G. Aucouturier)

Une seule chose semble claire : le mal radical est, peut-on dire, apparu en liaison avec un système où tous les hommes sont, au même titre, devenus superflus.

Hannah Arendt – *Les Origines du totalitarisme*
(trad. J.-L. Bourget, R. Davreu et P. Lévy, révisée par H. Frappat)

Moi, peur ? répliqua-t-il en haussant les épaules. Ah bien, oui ! J'en ai vu d'autres à l'Hôtel-Dieu, quand j'étudiais la pharmacie ! Nous faisions du punch dans l'amphithéâtre aux dissections ! **Le néant n'épouvante pas un philosophe.**

Gustave Flaubert – *Madame Bovary*

Un dé à coudre rempli de tourbillons de rien : c'est l'humanité.
René Barjavel – *La Faim du tigre*

Les biens de la terre, loin de combler nos souhaits, ne font que creuser l'âme et en augmenter le vide.
François-René de Chateaubriand – *Le Génie du christianisme*

La vie des grands esprits repose aujourd'hui sur ces mots : « À quoi bon ? »
Robert Musil – *L'Homme sans qualités*
(trad. P. Jaccottet)

On ne désire pas une chose quand on ne croit pas qu'elle vous manque.
Platon – *Le Banquet*
(trad. P. Vicaire)

L'Avarice perd tout en voulant tout gagner.
Jean de La Fontaine – *La Poule aux œufs d'or*

Quand tu comprends que tu peux mourir aujourd'hui ou demain et que rien ne restera, tout te semble néant !
Léon Tolstoï – *Anna Karénine*
(trad. H. Mongault)

Dans un vieux square où l'océan
Du mauvais temps met son séant
Sur un banc triste aux yeux de pluie
C'est d'une blonde
Rose et gironde
Que je m'ennuie
Dans ce cabaret du Néant
Qu'est notre vie.

Léon-Paul Fargue – *Ludions*

Mettant en divers lieux l'heur de mes
espérances,
Je fais peu d'amitié et bien des connaissances;
Et me trouvant partout, je ne suis en nul lieu.

Nicolas Vauquelin des Yveteaux – *Recueil de vers*

L'amour est un jeu morose:
Tout est vide, tout est vain.

Édouard Dubus – *Quand les violons sont partis*

Dans ce lieu solitaire un penser pitoyable
Me sert comme une manne en ma nécessité.
De ce penser tout seul je suis alimenté
Parmi la triste horreur du désert effroyable.

Pierre Motin – *Œuvres inédites*

L'absence n'est-elle pas pour qui aime la plus certaine, la plus efficace, la plus vivace, la plus indestructible, la plus fidèle des présences ?
Marcel Proust – *La Confession d'une jeune fille*

Car, au fond, et précisément pour les choses les plus profondes et les plus importantes, **nous sommes inqualificablement seuls.**
Rainer Maria Rilke – *Lettres à un jeune poète*
(trad. M. de Launay)

Tout est désaccordé. Plus d'ensemble, plus d'unité, plus de beauté.
Denis Diderot – *Regrets sur ma vieille robe de chambre*

Pourquoi,
qu'il disait, pourquoi qu'on
supporterait pas la vie
du moment qu'il suffit
d'un rien pour vous
en priver ?
Un rien l'amène,
un rien l'anime,
un rien la mine,
un rien l'emmène.

Raymond Queneau – *Zazie dans le métro*

ils ne sont pas malins malins tout de même
Salut

XI

L'adieu aux dieux

Il faut protester
contre l'expression :
Paradis artificiels.
C'est un pléonasme.

Louis Aragon – *Traité du style*

Si Dieu existe, j'espère qu'il a une excuse valable.
Daniel Pennac – *La Fée carabine*

Je constatais jour après jour que la pensée du péché ne me quittait pas. Dès lors je voulus aussi le péché lui-même.
Bernhard Schlink – *Le Liseur*
(trad. B. Lortholary)

Dieu n'a pas prévu le bonheur pour ses créatures ; il n'a prévu que des compensations, la pêche à la ligne, l'amour et le gâtisme.
Jean Giraudoux – *Intermezzo*

Depuis deux mille ans, Jésus se venge sur nous de n'être pas mort sur un canapé.
Emil Cioran – *Syllogismes de l'amertume*

C'était une effrayante erreur ; j'étais du côté de Dieu et j'ai choisi le camp de Satan pour satisfaire mon orgueil.
Jacques Chessex – *Avant le matin*

Je regarde avec stupéfaction ceux qui demeurent optimistes jusqu'à la fin de leur vie. **Si j'étais Dieu, et si j'avais son âge, je serais découragé.**

Maurice Maeterlinck – Devant Dieu

On édifie les prisons avec les pierres de la Loi, les Bordels avec les briques de la Religion.

William Blake – *Le Mariage du Ciel et de l'Enfer*
(trad. J. Darras)

Le défaut des gens, c'est qu'ils cherchent toujours à se tromper eux-mêmes, à se figurer qu'ils sont différents de ce que Dieu les a faits.

Erskine Caldwell – *Le Petit Arpent du Bon Dieu*
(trad. M.-E. Coindreau)

Nos vies sont des cercles. Des cercles avec des évolutions illusoires, des tentatives de nous faire croire que le but n'est pas le point de départ. Alors qu'il est évident que nous nous dirigeons vers l'origine, la poussière.

David Foenkinos – *Nos séparations*

La route de l'enfer est pavée de travaux en cours.

Philip Roth – *Le Complot contre l'Amérique*
(trad. J. Kamoun)

Dieu a fait l'aliment ;
le diable,
l'assaisonnement.

James Joyce – *Ulysse*
(trad. sous la direction de J. Aubert)

Le souci

Lorsqu'une fois je possède quelqu'un,
Le monde entier ne lui vaut rien.
D'éternelles ténèbres le couvrent,
Le soleil ne se lève ni ne se couche pour lui;
Ses sens, si parfaits qu'ils soient,
Sont couverts de voiles et de ténèbres.
De tous les trésors, il ne sait rien posséder;
Bonheur, malheur deviennent des caprices.
Il meurt de faim au sein de l'abondance.
Que ce soient délices ou tourments,
Il remet au lendemain,
N'attend rien de l'avenir
Et n'a plus jamais de présent.

Goethe – *Faust*
(trad. G. de Nerval)

Dieu, monsieur, c'est un massacreur. Il lui faut tous les jours des morts. Il en fait de toutes les façons pour mieux s'amuser. Il a inventé les maladies, les accidents, pour se divertir tout doucement le long des mois et des années; et puis, quand il s'ennuie, il a les épidémies, la peste, le choléra, les angines, la petite vérole; est-ce que je sais tout ce qu'a imaginé ce monstre?

Guy de Maupassant – *Moiron*

Le diable existe. Il pérore à la Chambre, il plaide au Palais, il agiote à la Bourse. On le grave en vignettes, on le broche en romans, on l'habille en drames. On le voit partout, comme je vous vois. **C'est pour lui épiler mieux la barbe que les miroirs de poche ont été inventés.**

Aloysius Bertrand – *Gaspard de la Nuit*

J'ai lutté contre moi, j'ai crié, j'ai souffert,
Esseulé dans la nuit de mon âme blessée,
Et, ma vie en lambeaux, je sors de mon enfer,
Car j'ai trouvé l'enfer au fond de ma pensée.

Albert Giraud – *Hors du siècle,* « Résignation »

Dieu même a son enfer ;
c'est son amour
des hommes.

Friedrich Nietzsche – *Ainsi parlait Zarathoustra*
(trad. M. de Gandillac)

où est-ce que j'ai bien pu la mettre ?

XII

Toute une vie à perdre…

La vie est un exil.

Eugène Ionesco – *Le Roi se meurt*

Ne pouvoir vivre qu'une vie, c'est comme ne pas vivre du tout.

Milan Kundera – *L'Insoutenable Légèreté de l'être*
(trad. F. Kérel)

Pour moi, la vie humaine est sans but.

Osamu Dazaï – *La Déchéance d'un homme*
(trad. G. Renondeau)

— Tu souffriras dans ta vie. Beaucoup. Beaucoup.
Ces paroles qui me plongeaient dans la terreur, elle les prononçait avec calme, presque en souriant.
— Mais tu survivras !

Maryse Condé – *Moi, Tituba sorcière…*

La vie ne va pas sans de grands oublis !

Honoré de Balzac – *La Cousine Bette*

Véritable Saturne du travail, l'industrie dévore ses enfants et ne vit que de leur mort.

Napoléon III – *Extinction du paupérisme*

On vit plus
dans la vie qu'on n'a pas
que dans la vie qu'on a.

Jules Barbey d'Aurevilly – *Les Diaboliques*

La vie est pavée
d'occasions perdues.

Romain Gary – *La Promesse de l'aube*

Avec ses espérances déçues et ses accidents qui déjouent tous les calculs, la vie porte l'empreinte nette d'un caractère propre à nous inspirer le dégoût.

Arthur Schopenhauer – *Le Monde comme volonté et comme représentation*
(trad. M. Dautrey, Ch. Sommer et V. Stanek)

Oui oui, la vie est une corvée de oui-da.

Valère Novarina – *L'Acte inconnu*

Au commencement, il n'y a pas de commencement. D'ailleurs, il n'y a jamais eu de commencement. La vie n'est pas le commencement. La vie n'est que la continuité de ce qui n'a jamais commencé.

Toulouse-La-Rose – *Du singe au songe*

Vivre une vie cultivée et sans passion, suffisamment lente pour être toujours au bord de l'ennui, suffisamment méditée pour n'y tomber jamais.

Fernando Pessoa – *Le Livre de l'intranquillité*
(trad. F. Laye)

Ce n'est rien de mourir ;
c'est affreux
de ne pas vivre.

Victor Hugo – *Les Misérables*

Je ne tiens pas assez à la vie pour craindre la mort.
Alexandre Dumas – *Les Trois Mousquetaires*

Au moment de pénétrer dans le laminoir, dans l'âge adulte, dans *l'adultération* des songes, vous avez bifurqué sans crier gare et emprunté le chemin des écoliers – et tout à coup **l'enfance a cessé d'être un leurre**, pour la raison que l'art, contrairement au réel, ne saurait en être un. Je vous rassure : on ne devient pas immortel pour autant. Au contraire, on chérit des œuvres grâce auxquelles on meurt un peu beaucoup tous les jours. On prend de l'avance sur son agonie.
Alain Gerber – *Balades en Jazz*

Il n'y a aucune raison d'avoir peur de la mort, bredouilla-t-il d'une voix hachée et étranglée. C'est la vie qui est effrayante ! La vie !
William Styron – *Un matin de Virginie*
(trad. M. Rambaud)

Pour conserver, **il faut accepter de perdre**, et pour vivre, il faut mourir un peu.
Jack London – *L'Amour et rien d'autre*
(trad. C.-N. Martin)

Quelle comptabilité harassante de vivre !

Jean Anouilh – *Roméo et Jeannette*

La vie ressemble un peu à la maladie : elle aussi procède par crises et par dépressions. À la différence des autres maladies, la vie est toujours mortelle. Elle ne supporte aucun traitement. Soigner la vie, ce serait vouloir boucher les orifices de notre organisme, en les considérant comme des blessures. À peine guéris, nous serions étouffés.
Italo Svevo – *La Conscience de Zeno*
(trad. P.-H. Michel révisée par M. Fusco)

La vie est un jeu. Il faut savoir perdre.
Philippe Le Guillou – *Les Années insulaires*

L'histoire d'une vie, quelle qu'elle soit, est l'histoire d'un échec. Le coefficient d'adversité des choses est tel qu'il faut des années de patience pour obtenir le plus infime résultat.
Jean-Paul Sartre – *L'Être et le Néant*

Le berceau balance au-dessus d'un abîme, et le sens commun nous apprend que notre existence n'est que la brève lumière d'une fente entre deux éternités de ténèbres.
Vladimir Nabokov – *Autres rivages*
(trad. Y. Davet, M. Akar et M. Couturier)

Car la vie réelle, la vie véritable, n'a jamais suffi et ne suffira jamais à combler les désirs humains. Et sans cette insatisfaction vitale que les mensonges de la littérature excitent et apaisent à la fois, il n'y a jamais d'authentique progrès.
Mario Vargas Llosa – *La Vérité par le mensonge*
(trad. A. Bensoussan et A.-M. Casès)

Vivre est une maladie dont le sommeil nous soulage toutes les seize heures ; c'est un palliatif : la mort est le remède.
Chamfort – *Maximes et pensées*

Le principe de la vie, dans tous les êtres n'est autre que celui de la mort ; nous les recevons et les nourrissons dans nous, tous deux à la fois.
Sade – *Histoire de Juliette*

Je vis, mais c'est hors de moi-même,
Je vis, mais c'est sans vivre en moi.
Je vis dans l'état de ma foi
Que je ne vois pas et que j'aime ;
Triste Nuit de long embarras
Où mon âme est enveloppée,
Si tu n'es bientôt dissipée,
Je me meurs de ne mourir pas.
R. P. Martial de Brive – *Œuvres poétiques*

On peut rater sa vie
à cause d'un seul mot.

Amélie Nothomb – *Biographie de la faim*

Vouloir, toujours vouloir ! — La vie est
implacable.
Exister sans effort serait si bien mon goût !
Mais le destin cruel n'y consent pas du tout,
Et son « catégorique impératif » m'accable.
Henri-Frédéric Amiel – *Jour à jour*

Les amants sont des traîtres qui en perpétuant la vie perpétuent la douleur.
Arthur Schopenhauer – *Métaphysique de l'amour* (trad. A. Burdeau)

Notre principe est songe,
Notre naître malheur,
Notre vie un mensonge
Et notre fin douleur.
Madeleine des Roches – *Ode*

C'en est fait, je crois, de ma vie :
Qu'importe à mon cœur gros d'ennui !
Vivre ne me fait plus envie…
Voici la Nuit, la Nuit, la Nuit !
Ernest Bussy – *À mi-voix*

Cette vie est un hôpital où chaque malade est possédé du désir de changer de lit.
Charles Baudelaire – *Le Spleen de Paris*

La fleur de ma vie est fanée ;
Il fut rapide, mon destin !
De mon orageuse journée
Le soir toucha presque au matin.
Millevoye – *Élégies*

Je vis, je meurs : je me brûle et me noie.
J'ai chaud extrême en endurant froidure :
La vie m'est et trop molle et trop dure.
J'ai grands ennuis entremêlés de joie.
Louise Labé – *Œuvres*

Au banquet de la vie, infortuné convive.
J'apparus un jour, et je meurs :
Je meurs, et sur ma tombe, où lentement j'arrive,
Nul ne viendra verser des pleurs.
Nicolas Gilbert – *Adieu à la vie*

Nés pour la médiocrité, nous sommes accablés par les esprits sublimes.
Montesquieu – *Dialogue de Sylla et d'Eucrate*

J'ai passé ma vie à me défendre de l'envie d'y mettre fin.
Kafka – *Journal*
(trad. M. Robert, C. David et J.-P. Danès)

comment ça va ?
comme un lundi

Intermède 3

Formule du jour le plus déprimant de l'année

$$\frac{[W + D - d]T^{Q}}{MN_{a}}$$

c'est trop injuste

XIII

Mais pourquoi mourir ?

Après tout, pour un esprit équilibré, la mort n'est qu'une aventure de plus.
J. K. Rowling – *Harry Potter à l'école des sorciers*
(trad. J.-F. Ménard)

Tous les jours on se dit : « Bah ! J'ai bien le temps. J'apprendrai demain. » Et puis tu vois ce qui arrive…
Alphonse Daudet – *Contes du lundi*

La mort semble bien moins terrible, quand on est fatigué.
Simone de Beauvoir – *Les Mandarins*

On ne meurt pas quand on veut mais seulement quand on peut.
Gabriel Garcia Marquez – *Cent ans de solitude*
(trad. C. et C. Durand)

Cette fois, c'est sérieux, un dé-but d'em-phy-sè-me. Si vous n'ar-rê-tez pas de fu-mer, ces ci-ga-rettes se-ront vos petits clous de cercueil…
Jean-Jacques Schuhl – *Ingrid Caven*

La Tombe est une boîte où l'on en place une autre.
Xavier Forneret – *Lignes rimées*

Rater son suicide
n'est pas forcément
ce qu'il y a de pire
dans l'existence.
On ne peut pas
toujours tout réussir.

Arto Paasilinna – *Petits suicides entre amis*
(trad. A. Colin du Terrail)

On mourra seul.
Il faut donc faire
comme si on était seul.

Pascal – *Pensées*

Je chante **la joie d'errer et le plaisir d'en mourir**

Guillaume Apollinaire – *Calligrammes*

On ne devrait jamais inviter des gens qui sont susceptibles de mourir chez vous.

Agatha Christie – *Les Sept Cadrans*
(trad. A. Champon)

Les suicidaires conclurent d'une seule voix que si le plus grave dans la vie c'était bien la mort, ce n'était quand même pas si grave.

Arto Paasilinna – *Petits suicides entre amis*
(trad. A. Colin du Terrail)

À la douane de la mort, ils ne déclarent même plus la guerre : ils la passent en fraude.

Jacques Prévert – *Fatras*

Cette envie qu'en un instant tout le monde meure, mon père, ma mère, mon frère, ma sœur, mes amis, mes grands-parents, mes tantes, les poètes, les musiciens et les rêveurs, que tout le monde effroyablement hurle et disparaisse, pour qu'au moins *ce soit fait*.

Arthur Dreyfus – *Histoire de ma sexualité*

Je me suis dit que c'était bizarre un hôpital, un endroit où ils cherchent à nous guérir tous pour qu'on rentre au plus vite chez nous pour attraper de nouvelles maladies et avoir de nouveaux accidents et ainsi de suite sans fin. Et un jour on meurt tous quoi qu'il en soit. Mais il y aura évidemment les suivants, avec leur appendicite et leur hernie discale et leur infarctus et leur hépatite et tout et tout. Encore que ça ne nous regardera plus, on sera déjà morts d'une mort certaine et ce sera très vraisemblablement définitif, même si on n'arrive pas vraiment à imaginer ce que ça veut dire en fait.

Pedro Lenz – *Faut quitter Schummertal !*
(trad. D. Rothenbühler et N. Kehrli)

Mourir, c'est accomplir un acte d'une portée incalculable.

Anatole France – *Le Jardin d'Épicure*

La mort est douce… Ce qui fait souffrir avec **certains poisons**, certaines blessures maladroites, c'est la vie.

Jean Anouilh – *Eurydice*

Une fois encore, j'ai tenté de me suicider – cette fois en mouillant mon nez et en l'enfonçant dans une douille électrique. Malheureusement, il y eut un court-circuit et je ne réussis qu'à détraquer le réfrigérateur. Toujours obsédé par l'idée de la mort, je médite constamment. Je ne cesse de me demander s'il existe une vie ultérieure, et s'il y en a une, peut-on m'y faire la monnaie de vingt dollars ?

Woody Allen – *Dieu, Shakespeare et moi*
(trad. M. Lebrun)

« Mon Dieu, il est bien vrai que cette pauvre Mme d'Arpajon est morte. » Même pour ceux qui n'avaient pas besoin de cette mort pour se réjouir d'être vivants, elle les rendit heureux. **Car toute mort est pour les autres une simplification d'existence, ôte le scrupule de se montrer reconnaissant, l'obligation de faire des visites.**

Marcel Proust – *À la recherche du temps perdu*

La mort n'est pas seulement la fin de la vie, elle en est le remède.

Claude Tillier – *Mon oncle Benjamin*

Si seulement on pouvait dans la mort sentir encore la mort et en jouir !
Robert Walser – *La Promenade*
(trad. B. Lortholary)

Eustache — Je suis né, ma vie a tellement ressemblé à la mort que quand je suis mort, je n'ai pas vu la différence.
Noëlle Renaude – *Les Cendres et les Lampions*

Comme il était de mon âge et de mon temps, je me dis : « Qu'arriverait-il, si je mourais ainsi tout à coup ? »
Gérard de Nerval – *Aurélia*

La frayeur de la mort ébranle le plus ferme ;
Il est bien mal aisé
Que dans le désespoir et proche de son terme
L'esprit soit apaisé.
Théophile de Viau – *Stances*

Mourons. De tant d'horreurs qu'un trépas me délivre.
Est-ce un malheur si grand que de cesser de vivre ?
La mort aux malheureux ne cause point d'effroi.
Racine – *Phèdre*

On meurt
dans l'état précis
où on est né :
avec des mains
faites pour saisir
et incapables de serrer.

Italo Svevo – *Une vie*
(trad. G. Piroué révisée par M. Fusco)

Je vis en mourant, je brûle dans la glace, je tremble dans le feu, j'espère sans espoir, je pars et je reste.

Miguel de Cervantes – *L'Ingénieux Hidalgo Don Quichotte de la Manche*
(trad. J. Canavaggio)

Mais voici venue
l'heure de nous en aller,
moi pour mourir,
vous pour vivre.
Qui, de vous ou de moi,
se dirige vers le sort
le meilleur ?

Platon – *Apologie de Socrate*
(trad. A. Castel-Bouchou)

Table des copyrights

Tous les ouvrages cités sont sous copyright Gallimard ou publiés aux Éditions Gallimard, à l'exception de ceux-ci :

Alain, *Propos de littérature*
© Denoël, 1964 (p. 99)

Woody Allen, *Dieu, Shakespeare et moi* (trad. M. Lebrun)
© Éditions du Seuil, 1979 (p. 153)

Anonyme, *Une femme à Berlin* (trad. F. Wuilmart)
© Agence Littéraire Hoffman, Gallimard, 2006 (p. 42)

Jean Anouilh, *Antigone*
© Éditions de La Table Ronde, 1946 (p. 103)

Jean Anouilh, *Eurydice* in *Pièces noires*
© Éditions de La Table Ronde, 1958 (p. 152)

Jean Anouilh, *Roméo et Jeannette* in *Nouvelles Pièces noires*
© Éditions de La Table Ronde, 1946 (p. 138)

Hannah Arendt, *Les Origines du totalitarisme* (trad. J.-L. Bourget, R. Davreu, P. Lévy, révisée par H. Frappat)
© Hannah Arendt, 1951, Gallimard, 2002 (p. 115)

René Barjavel, *La Faim du tigre*
© Éditions Denoël, 1966, 1971 (p. 116)

Alessandro Baricco, *Cette histoire-là* (trad. F. Brun)
© Alessandro Baricco, 2005, Gallimard, 2007 (p. 80)

Jean Baudrillard, *La Société de consommation*
© Édition Denoël, 1970 (p. 46)

Andréas Becker, *L'Effrayable*
© Éditions de la Différence, 2012. (p. 112)

Samuel Beckett, *Molloy*
© Éditions de Minuit, 1951 (p. 28)

Thomas Bernhard, *Le Naufragé* (trad. B. Kreiss)
© Suhrkamp Verlag, Frankfurt am Main, 1983, Gallimard, 1986 (p. 54)

Thomas Bernhard, *Le Neveu de Wittgenstein* (trad. J.-C. Hémery)
© Suhrkamp Verlag, Frankfurt am Main, 1982, Gallimard, 1985
(p. 65)

Thomas Bernhard, *Perturbation* (trad. B. Kreiss)
© Insel Verlag, Frankfurt am Main, 1967, Gallimard, 1989 (p. 16)

Marc Biancarelli, *Murtoriu* (trad. J. et M.-O. Ferrari, J.-F. Rosecchi)
© Actes Sud, 2012 (p. 15)

Karen Blixen, *Contes d'hiver* (trad. M. Metzger)
© Gyldendalske Boghandel, 1942, Gallimard, 1970 (p. 52)

Caterina Bonvicini, *L'Équilibre des requins* (trad. L. Caillat)
© Caterina Bonvicini, 2005, Gallimard, 2010 (p. 80)

Ann Brashares, *Quatre filles et un jean* (trad. V. Rubio)
© 17th Street Productions, an Alloy Online, Inc. Company, 2001,
Gallimard Jeunesse pour la traduction française (p. 35)

Erskine Caldwell, *Le Petit arpent du bon Dieu*
(trad. M. E. Coindreau)
© Gallimard, 1936 (p. 124)

Blaise Cendrars, *Bourlinguer*
© Édition Denoël, 1948, 2003 (p. 12)

Jacques Chessex, *Avant le matin*
© Éditions Grasset et Fasquelle, 2006 (p. 123)

Agatha Christie, *Les Sept Cadrans* (trad. A. Champon)
© Éditions du Masque, 2005 (p. 151)

Carlo M. Cipolla, *Les Lois fondamentales de la stupidité humaine*
(trad. F. Liffran)
© Les Presses Universitaires, 2014 (p. 46)

Paul Claudel, *Tête d'or*
© Mercure de France, 1901 (p. 24)

Colette, *La Retraite sentimentale*
© Mercure de France, 1907 (p. 97)

Maryse Condé, *Moi, Tituba sorcière...*
© Mercure de France, 1986 (p. 132)

Julio Cortazar, *62 - Maquette à monter* (trad. L. Guille-Bataillon)
© Editorial Sudamericana Sociedad Anonima, 1968, Gallimard 1971
(p. 40)

Osamu Dazaï, *La Déchéance d'un homme* (trad. G. Renondeau)
© New Directions Publishing Corporation, Inc., 1958 (p. 132)

Erri De Luca, *Le Jour avant le bonheur* (trad. D. Valin)
© Giangiacomo Feltrinelli Editore, 2009, Gallimard 2010 (p. 104)

Erri De Luca, *Trois chevaux* (trad. D. Valin)
© Erri de Luca, 1999, Gallimard, 2001 (p. 52)

Alessandro De Roma, *La Fin des jours* (trad. P. Leclercq)
© Edizioni Il Maestrale, 2008, Gallimard, 2012 (p. 112)

Georges Duhamel, *La Possession du monde*
© Mercure de France, 1919 (p. 42)

Carlos Fuentes, *En bonne compagnie;* suivi de *La chatte de ma mère*
(trad. C. Zins)
© Nouvelle Agence, Gallimard, 2007 (p. 54)

Bernard Gander, *Crier sans cri*
© La petite cure, Romainmôtier, 1993 (p. 73)

Jean Giraudoux, *Intermezzo*
© Jean-Pierre Giraudoux, Éditions Grasset et Fasquelle, 1967 (p. 123)

William Golding, *Sa Majesté des Mouches* (trad. L. Tranec)
© Faber and Faber, Ltd, 1954, Gallimard, 1956 (p. 24)

Martin Heidegger, *Kant et le problème de la métaphysique*
(trad. A. De Waelhens, W. Biemel)
©Vittorio Klostermann, Frankfurt am Main, 1965, Gallimard, 1953
(p. 115)

Michel Houellebecq, *Plateforme*
© Éditions Flammarion, 2001 (p. 112)

Hervé Jaouen, *Mamie Mémoire*
© Editions Gallimard Jeunesse, 1999 (p. 60)

Pedro Lenz, *Faut quitter Schummertal !*
(trad. D. Rothnbühler, N. Kehrli)
© Edition d'en bas, 2014 (p. 152)

Gilles Leroy, *Alabama Song*
© Mercure de France, 2007 (p. 74)

Davide Longo, *L'Homme vertical* (trad. D. Vittoz)
© Éditions Stock, 2013 (p. 27)

Maurice Maeterlinck, *Devant Dieu*
© Éditions Grasset et Fasquelle, 1967 (p. 124)

Claudio Magris, *Danube* (trad. J. et M.-N. Pastureau)
© Garranti Editore S.P.A., 1986, Gallimard, 1998 (p. 74)

Claudio Magris, *Microcosmes* (trad. J. et M.-N. Pastureau)
© Garzanti Editore S.P.A., 1997, Gallimard, 1998 (p. 101)

Gabriel Garcia Marquez, *Cent ans de solitude* (trad. C. et C. Durand)
© Éditions du Seuil, 1968 (p. 65 et 148)

Robert Musil, *L'Homme sans qualités* (trad. P. Jaccottet)
© Éditions du Seuil, 1957 (p. 116)

Vladimir Nabokov, *Autres Rivages* (trad. Y. Davet)
© Vladimir Nabokov, 1947, Gallimard, 1961 (p. 139)

Norge, *Le Gros Gibier*
© Éditions Robert Laffont – Seghers, 1953 (p. 39)

Amélie Nothomb, *Biographie de la faim*
© Éditions Albin Michel, 2004 (p. 141)

Amélie Nothomb, *Métaphysique des tubes*
© Éditions Albin Michel, 2000 (p. 73)

Valère Novarina, *L'Acte inconnu*
© Éditions P.O.L., 2007 (p. 35 et 135)

George Orwell, *1984* (trad. A. Audiberti)
© Secker and Warburg, 1949, Gallimard, 1950 (p. 73)

Arto Paasilinna, *Petits suicides entre amis* (trad. A. Colin du Terrail)
© Édition Denoël, 2003 (p. 149 et 151)

Cesare Pavese, *Avant que le coq chante* (trad. N. Frank)
© Giulio Einaudi, Editore S.P.A., 1949, Gallimard, 1953 (p. 22)

Cesare Pavese, *Le Métier de vivre* (trad. M. Arnaud, révisée par M. Rueff)
© Giulio Einaudi, Editore S.P.A., 1952, Gallimard, 1958 (p. 52)

Sylvia Plath, *La Cloche de détresse* (trad. M. Persitz)
© Édition Denoël, 1972 (p. 27 et 112)

Noëlle Renaude, *Les Cendres et les Lampions*
© Éditions Théâtrales, 1993 (p. 154)

Thomas B. Reverdy, *Les Évaporés : un roman japonais*
© Éditions Flammarion, 2013 (p. 27 et 85)

Pierre Reverdy, *Le Livre de mon bord. Notes (1930-1936)*
© Mercure de France, 1948 (p. 76)

Yasmina Reza, *Heureux les heureux*
© Éditions Flammarion, 2013 (p. 29)

Alessandro De Roma, *La Fin des jours* (trad. P. Leclercq)
© Edizioni Il Maestrale, Gallimard, 2012 (p. 112)

Jules Romains, *Les Hommes de bonne volonté*
© Éditions Flammarion, 1932-1946 (p. 48)

Jean Rostand, *Pensées d'un biologiste*
© Éditions Stock, 1939 (p. 16)

Philip Roth, *La Tache* (trad. J. Kamoun)
© Philip Roth, 2000, Gallimard, 2002 (p. 54)

Philip Roth, *Le Complot contre l'Amérique* (trad. J. Kamoun)
© Philip Roth, 2004, Gallimard, 2006 (p. 126)

J.K. Rowling, *Harry Potter à l'école des sorciers* (trad. J.-F. Ménard)
© J.K. Rowling, 1999, Gallimard Jeunesse, 1998 (p. 78 et 148)

Frédéric Schiffter, *Le Bluff éthique*
© Éditions Flammarion, 2008 (p. 98)

Frédéric Schiffter, *Philosophie sentimentale*
© Éditions Flammarion, 2010 (p. 48 et 97)

Bernhard Schlink, *Le Liseur* (trad. B. Lotholary)
© Diogenes Verlag AG Zürich, 1995, Gallimard, 1996 (p. 123)

Marc Stéphane, *Ceux du trimard*
© Éditions Le Cabinet du Pamphlétaire, 1928 (p. 98)

William Styron, *Un matin de Virginie* (trad. M. Rambaud)
© William Styron, 1993, Gallimard, 1994 (p. 137)

Lars Fr. H. Svendsen, *Petite philosophie de l'ennui* (trad. H. Hervieu)
© Éditions Fayard, 2006 (p. 114)

Antonio Tabucchi, *Tristano meurt* (trad. B. Comment)
© Antonio Tabucchi, 2004, Gallimard, 2004 (p. 53)

Chantal Thomas, *Comment supporter sa liberté*
© Éditions Payot & Rivages, 1998 (p. 27)

Roland Topor, *Jachère-party*
© Julliard, 1999 (p. 78)

Toulouse-La-Rose, *Du singe au songe*
© Éditions Sens & Tonka, 2007 (p. 135)

Didier Van Cauwelaert, *La Nuit dernière au* XVe *siècle*
© Éditions Albin Michel, 2008 (p. 72)

Mario Vargas Llosa, *La Vérité par le mensonge*
(trad. A. Bensoussan et A.-M. Casès)
© Mario Vargas Llosa, 1990, Gallimard, 1992 (p. 140)

Giorgio Vasta, *Le Temps matériel* (trad. V. Raynaud)
© Minimum Fax, 2008, Gallimard, 2010 (p. 80)

Alexandre Vialatte, *Chroniques de « La Montagne »*
© Éditions Robert Laffont, 2000 (p. 14)

Boris Vian, *L'Écume des jours*
© Société Nouvelle Éditions Pauvert, Pauvert, département de la librairie Arthème Fayard, 1962 (p. 29)

Robert Walser, *La Promenade* (trad. B. Lortholary)
© Suhrkamp Verlag, Frankfurt am Main, 1982, Gallimard, 1987 (p. 154)

Mes citations préférées

Dans la même collection

N°2 - *Les cheveux-vapeur du coiffeur*
Petit précis des mots communs sublimés par les écrivains
Illustrations de Marie Assénat.

N°3 - *Qui sèche ?*
Livre-jeu de culture générale
Illustrations d'Anne Laval.

t'aurais pas pris un peu du cul ?

Cet ouvrage composé en Chic, Minion Pro, Pacific et Sparhawk
par Dominique Guillaumin
a été achevé d'imprimer en octobre 2014
sur les presses de Novoprint, à Barcelone, en Espagne.

1er dépôt légal : octobre 2014
ISBN 978-2-07-046146-2
271123